Petit monde vivant

Les Primates

Bobbie Kalman et Heather Levigne
Traduction : Lyne Mondor

Les primates est la traduction de *What is a Primate ?* de Bobbie Kalman et Heather Levigne (ISBN 0-86505-950-0).
© 1999, Crabtree Publishing Company, 612 Welland Ave., St. Catherines, Ontario, Canada L2M 5V6

Catalogage avant publication de Bibliothèque et Archives Canada

Kalman, Bobbie, 1947-

      Les primates

      (Petit monde vivant)
      Traduction de: What is a primate?.
      Pour les jeunes de 6 à 10 ans.

      ISBN 2-89579-051-5

1. Primates - Ouvrages pour la jeunesse. I. Levigne, Heather, 1974- . II. Titre. III. Collection: Kalman, Bobbie, 1947- . Petit monde vivant.

QL737.P9K24514 2005   j599.8   C2005-940

Nous reconnaissons l'aide financière du Gouvernement
du Canada par l'entremise du Programme d'aide au
développement de l'industrie de l'édition (PADIÉ)
pour nos activités d'édition.

Conseil des Arts   Canada Council
du Canada   for the Arts

Bayard Canada Livres remercie
le Conseil des Arts du Canada du soutien
accordé à son programme d'édition dans
le cadre du Programme des subventions globales aux éditeurs.
Cet ouvrage a été publié avec le soutien de la SODEC.
Gouvernement du Québec – Programme de crédit d'impôt
pour l'édition de livres – Gestion SODEC.

Dépôt légal – 3ème trimestre 2005
Bibliothèque nationale du Québec
Bibliothèque nationale du Canada

Direction : Andrée-Anne Gratton
Traduction : Lyne Mondor
Graphisme : Richard Bacon
Révision : Marie Théorêt

© Bayard Canada Livres inc., 2005
4475, rue Frontenac
Montréal (Québec)
Canada H2H 2S2
Téléphone : (514) 844-2111 ou 1 866 844-2111
Télécopieur : (514) 278-3030
Courriel : redaction@bayardjeunesse.ca

Imprimé au Canada

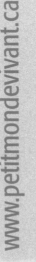

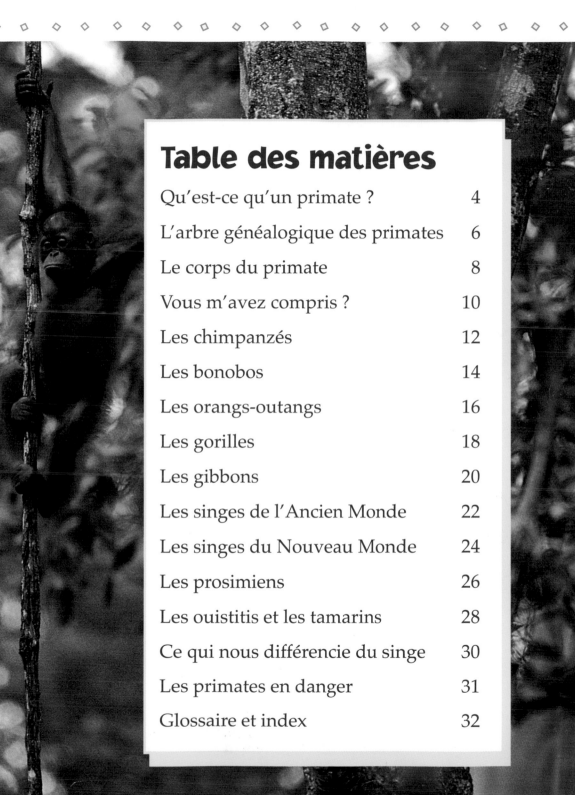

Table des matières

Qu'est-ce qu'un primate ?

Les singes, les grands singes, les lémuriens et les humains appartiennent à la famille des primates. Les primates sont des mammifères. Le corps des mammifères est couvert de poils ou de fourrure. Ces poils les aident à rester au chaud quand il fait froid et à rester au frais quand il fait chaud.

Dans tout le règne animal, le plus proche parent de l'humain est le chimpanzé.

Le pouvoir du cerveau

Les primates sont des animaux intelligents. Ils ont un cerveau développé. Certains primates, comme le chimpanzé et le capucin, sont capables d'apprendre à utiliser des roches et des petites branches en guise d'outils. Des chercheurs ont même enseigné à quelques chimpanzés et gorilles à additionner des nombres et à utiliser un langage de signes.

La vie familiale

La plupart des primates vivent en groupes familiaux. Certains vivent en couples, alors que d'autres vivent en troupes pouvant regrouper jusqu'à 100 membres. Les membres de la famille prennent soin les uns des autres. Ils se portent mutuellement secours. Combien y a-t-il de membres dans ta famille ?

(à droite) Le lémur maki est un petit primate de la taille d'un chat.

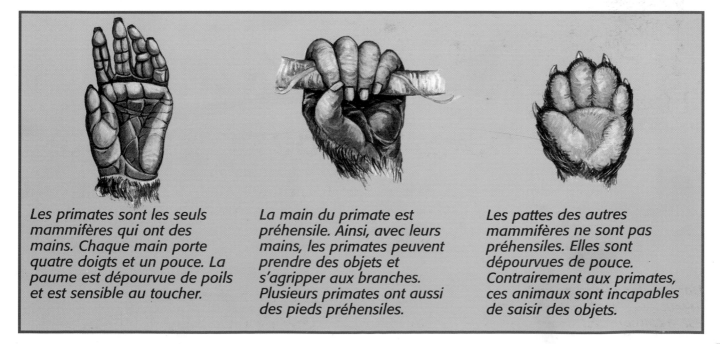

Les primates sont les seuls mammifères qui ont des mains. Chaque main porte quatre doigts et un pouce. La paume est dépourvue de poils et est sensible au toucher.

La main du primate est préhensile. Ainsi, avec leurs mains, les primates peuvent prendre des objets et s'agripper aux branches. Plusieurs primates ont aussi des pieds préhensiles.

Les pattes des autres mammifères ne sont pas préhensiles. Elles sont dépourvues de pouce. Contrairement aux primates, ces animaux sont incapables de saisir des objets.

L'arbre généalogique des primates

Les scientifiques croient que les primates ont **évolué** à partir d'un tout petit mammifère qui vivait dans les arbres. Le cerveau, le crâne, les muscles et le **système reproducteur** de cet ancêtre sont semblables à ces parties du corps des primates actuels.

Les différentes espèces

Il existe près de 200 espèces de primates. On distingue deux grands groupes : les prosimiens (ou lémuriens) et les anthropoïdes. Les tarsiers, les lémurs, les indris, les loris, les galagos et les ayes-ayes sont des prosimiens. Les humains, les grands singes, les singes, les ouistitis et les tamarins sont des anthropoïdes.

Singe ou grand singe ?

Sais-tu faire la différence entre un singe et un grand singe ? Bien sûr, les grands singes sont généralement plus grands que les singes ! De plus, ils passent moins de temps dans les arbres. Mais cela mis à part, une façon simple de les différencier est de vérifier s'ils ont une queue. Les singes en ont une, mais pas les grands singes.

Du plus petit au plus grand

Le plus petit primate est le lémur-souris, aussi appelé chirogale mignon. Il pèse moins de 80 grammes. Il est si petit qu'il peut tenir dans la paume de ta main ! De tous les primates, les gorilles sont les plus grands. Un gorille peut peser plus de 175 kilos.

Les chimpanzés, les bonobos, les orangs-outangs et les gorilles, comme celui montré ci-dessus, sont des grands singes. Ce sont les plus gros primates.

Les prosimiens sont les plus petits primates. Ils vivent dans les arbres, tout comme ce lémur couronné.

(à gauche) Les singes du Nouveau Monde, comme ce singe-araignée, ont une queue préhensile. Ils s'en servent pour se tenir aux branches.

(ci-dessous) Les humains sont les primates les plus intelligents. Notre cerveau est plus volumineux que celui des singes et des grands singes. Notre capacité à apprendre est plus grande.

(ci-dessus) Les gibbons sont les plus petits de tous les grands singes. Ils passent beaucoup de temps dans les arbres.

(à droite) Les mandrills sont des singes de l'Ancien Monde. Ils ont des coussinets sur l'arrière-train, et leur queue n'est pas préhensile.

Le corps du primate

Le corps du primate est adapté à son habitat, c'est-à-dire à son milieu de vie. Plusieurs primates ont un corps petit et léger leur permettant de se déplacer facilement dans les arbres. Les primates plus gros et plus lourds, comme les chimpanzés et les gorilles, passent généralement leur temps au sol.

En vieillissant, le pelage de certains primates grisonne. Quelques primates perdent même leurs poils et deviennent chauves !

Certains primates peuvent marcher sur deux jambes, tout comme les humains. La plupart des singes se servent cependant de leurs quatre membres pour se déplacer.

Un coup de pouce !

En observant bien ta main, tu constateras que tu peux remuer tes doigts et ton pouce séparément. Les primates sont les seuls animaux ayant un **pouce opposable**. Grâce à nos pouces, nous pouvons saisir des objets et les tenir. Les animaux sans pouce opposable en sont incapables. Essaie de prendre une pomme et de la manger sans utiliser ton pouce. C'est très difficile !

Tous les primates ont des yeux orientés vers l'avant. Cette particularité leur permet de percevoir l'aspect tridimensionnel des objets.

La plupart des primates ont les jambes plus courtes que les bras. Certains ont cependant de longues jambes. Ce lémur utilise ses grandes jambes pour bondir.

Certains primates ont une queue longue et puissante. Ils l'utilisent pour maintenir leur équilibre et pour s'agripper aux branches.

Plusieurs prosimiens ont un museau allongé semblable à celui du chien. Grâce à leur odorat, ils repèrent les autres animaux, trouvent de la nourriture et flairent les dangers.

9

Vous m'avez compris ?

Les animaux communiquent entre eux. Ils s'envoient des messages de plusieurs manières. Pour montrer leur humeur, les primates utilisent le **langage corporel**. Ils recourent également à la voix, aux **gestes** et aux **expressions faciales**. Certains primates émettent des sons semblables à ceux des humains : ils éternuent, font des rots et hoquettent. Il leur arrive même de rire !

Le langage du gorille

Pour se « parler », les gorilles utilisent plusieurs sons. La femelle grogne pour gronder ses petits. Le chef émet des cris et des grognements pour appeler les autres membres du groupe.

Quand les primates sont excités, ils font tout pour se faire remarquer ! Les gorilles, comme celui ci-dessus, se dressent sur les pattes arrière et se martèlent la poitrine avec la paume des mains. Ils courent en frappant le sol tout en grognant bruyamment. Quant au macaque à queue de lion (à droite), il montre ses dents acérées et pousse des cris perçants.

Communiquer par le toucher

Pour communiquer, plusieurs primates utilisent le toucher. Les chimpanzés et les bonobos s'accueillent en se donnant l'accolade et des tapes amicales dans le dos. Les mères serrent leurs bébés contre elles pour les protéger et pour qu'ils se sentent en sécurité. Pour démontrer leur affection, les primates se toilettent mutuellement. Ils se rassemblent pour enlever les poux et la saleté du pelage de leurs congénères.

Le langage corporel

Pour montrer leurs humeurs, les primates utilisent le langage corporel. Ils communiquent entre eux par des gestes et des expressions faciales. Par exemple, quand les chimpanzés sont nerveux ou irrités, ils font un large « sourire » qui laisse voir toutes leurs dents.

(ci-dessus) Pendant que sa mère s'occupe de toiletter son pelage, ce jeune babouin olive reste assis calmement.

(à gauche) Pour montrer qu'il a de la considération pour l'adulte, ce jeune bonobo lui présente son dos. L'aîné pose un geste amical en touchant le jeune bonobo.

Les chimpanzés

Les jeunes chimpanzés adorent jouer. Par le jeu, ils apprennent à communiquer avec les membres de leur troupe.

Les chimpanzés vivent en larges groupes comportant jusqu'à 80 individus. Ce sont des animaux très sociables qui apprécient la compagnie des autres. Quand les chimpanzés rencontrent des membres de leur groupe, ils s'accueillent en se toilettant mutuellement, en se touchant les mains, en s'embrassant et en se donnant l'accolade.

Le respect

Les mâles adultes sont les chefs de la troupe. Les autres membres les traitent avec beaucoup d'égards. En vieillissant et en ayant des petits, les femelles aussi s'attirent du respect. Les jeunes chimpanzés reçoivent peu de considération, mais ils doivent en témoigner à tous leurs aînés.

Des chasseurs habiles

Bien que les chimpanzés se nourrissent principalement de fruits et de végétaux, ils mangent également de la viande. Les mâles chassent en groupes pour capturer d'autres singes, des potamochères, aussi appelés porcs à pinceaux, et de jeunes antilopes. Certains membres du groupe poursuivent les **proies**, pendant que d'autres les orientent vers un piège. Quand ils capturent une proie, les mâles sont les premiers à manger. Les femelles qui ont des petits mangent ensuite.

Les chimpanzés font souvent des grimaces amusantes ! Plusieurs de leurs expressions sont identiques à celles des humains. À quoi pense ce chimpanzé, selon toi ?

L'utilisation d'outils

Les chimpanzés font preuve d'une réelle intelligence dans l'utilisation d'outils, particulièrement quand ils veulent de la nourriture. Ils enfoncent des bâtonnets dans les trous d'arbres et dans les nids d'insectes pour atteindre des proies. Certains chimpanzés frappent les noix et les fruits avec des pierres pour les ouvrir. Pour obtenir de l'eau, ils mastiquent plusieurs feuilles qu'ils utilisent ensuite comme une éponge. Ainsi, ils recueillent l'eau de pluie accumulée dans le creux des arbres. Les chimpanzés se servent aussi d'objets pour se défendre. Quand ils se sentent menacés par un animal, ils lui lancent des pierres.

Une baguette peut se transformer en une « canne à pêche » pour capturer des insectes ! Le chimpanzé enfonce la baguette dans le sol afin que les insectes y grimpent. Quand il retire la baguette, le chimpanzé lèche la délicieuse friandise. Miam !

Les Bonobos

Les bonobos ressemblent à des chimpanzés. Comme eux, ils s'accueillent en se donnant des poignées de main et l'accolade. Cependant, les bonobos se distinguent des chimpanzés sur plusieurs plans. Le corps du bonobo est plus mince, sa tête est plus petite et son visage est plus foncé. Les chimpanzés sont de tempérament querelleur, alors que les bonobos ont un comportement beaucoup plus pacifique.

Dans les groupes familiaux de bonobos, ce sont les femelles qui dominent. Quand elles deviennent adultes, les femelles quittent leur famille pour aller en fonder une nouvelle. La plupart des mâles restent toutefois dans la même famille toute leur vie.

Les bonobos, montrés ci-dessus, cherchent la nourriture ensemble et partagent ensuite leur repas. Quand ils marchent, les bonobos se tiennent debout. Ils ressemblent à des humains.

Ce petit bonobo goûte un roseau. Pour apprendre quelles plantes sont bonnes à manger, les jeunes observent leur mère quand elle les choisit. Les bonobos consomment plus de 300 variétés de végétaux, incluant des fruits et des feuilles.

Les orangs-outangs

L'orang-outang est le seul grand singe qui vit dans les arbres. Son nom vient d'un mot malais signifiant « homme des forêts ». Le malais est la langue parlée en Malaisie. Les orangs-outangs descendent rarement au sol. Même s'ils sont énormes, ils vivent dans la canopée, qui est la strate la plus élevée de la forêt. Quand ils se déplacent d'arbre en arbre, les orangs-outangs sont prudents. Ils ne sont pas casse-cou comme le sont certains primates, tels que les gibbons (voir la page 20).

Les bébés orangs-outangs restent auprès de leur mère jusqu'à ce qu'ils soient capables de grimper aux arbres et de trouver de la nourriture sans aide.

Laisse-moi tranquille !

Les orangs-outangs sont des animaux solitaires : ils préfèrent vivre seuls. Les mères vivent cependant avec leurs petits, parfois jusqu'à ce qu'ils atteignent l'âge de huit ans. Les orangs-outangs n'aiment pas partager leur nourriture. Les mâles n'ont pas l'habitude de se bagarrer. Toutefois, il leur arrive de prendre avantage de leur taille imposante pour intimider ou faire fuir ceux qui s'approchent trop de leur repas.

L'appel

Le matin, les mâles font beaucoup de bruit. Ils grognent et hurlent si bruyamment que les autres peuvent les entendre jusqu'à 1,5 kilomètre ! Sous leur gorge se trouve un sac de peau qui **amplifie** leurs **cris territoriaux** en se gonflant. Ces hurlements sont très puissants. Les orangs-outangs émettent des cris territoriaux pour indiquer aux autres où ils se trouvent. Ainsi, ils peuvent éviter de se croiser.

Les gens croyaient autrefois que les grands singes avaient peur de l'eau. En réalité, les orangs-outangs adorent nager !

Sur leurs joues, les mâles ont un long renflement charnu. Leur corps est recouvert de longs poils qui les font paraître plus gros.

Chut !... Bien installé dans un arbre, cet orang-outang va bientôt s'endormir dans un nid de branches et de feuilles.

Les gorilles

Plusieurs personnes croient que les gorilles sont des bêtes féroces. En réalité, ce sont des animaux pacifiques. Les gorilles vivent en petits groupes de cinq à vingt individus. Un mâle adulte mène le groupe qui comporte au moins deux femelles et leurs rejetons. Il les surveille sans répit pour les protéger contre les dangers. Il est rare que des animaux s'attaquent aux gorilles. Mais parfois, des léopards capturent de jeunes ou de vieux gorilles incapables de se déplacer rapidement.

Quand un mâle a entre huit et douze ans, c'est un « dos noir ». En vieillissant, le pelage du dos des mâles devient gris argenté. C'est pour cette raison qu'ils sont alors appelés « dos argentés ». Le mâle montré ci-dessus est un dos argenté.

Un grand appétit

Les gorilles sont folivores. Cela signifie qu'ils se nourrissent principalement de feuilles et de jeunes pousses, comme des pousses de bambou et de céleri sauvage. En raison de leur taille importante, les gorilles ont besoin de beaucoup d'**énergie** pour respirer et croître. Puisque les feuilles ne fournissent pas autant d'énergie que les insectes ou la viande, les gorilles doivent passer beaucoup de temps à fourrager pour trouver de la nourriture. Les gorilles cherchent la nourriture dans leur aire d'habitation, c'est-à-dire dans leur territoire. Leur aire d'habitation est une vaste étendue. Elle doit être assez grande pour fournir de la nourriture à toute la troupe.

Les bébés gorilles ont besoin de beaucoup d'attention. Pendant deux ou trois ans, ils passent presque tout leur temps sur le dos de leur mère. Ainsi, elle veille sur eux plus facilement.

Pour dormir, les gorilles s'installent au sol dans une couchette de branches et de feuilles. Ils sont capables de la fabriquer en trente secondes. Au réveil, ils peuvent prendre leur déjeuner au lit, car leurs bras sont si longs que la nourriture est toujours à leur portée.

Les gibbons

Parmi les anthropoïdes, les gibbons sont les plus petits. Comme les grands singes, ils sont capables de se tenir debout sur les pattes arrière. Ils passent cependant le plus clair de leur temps dans la cime des arbres, se balançant de branche en branche.

Vas-y gibbon, c'est bon !

Les gibbons sont les seuls primates qui se déplacent principalement par **brachiation**. D'une main, ils se suspendent à une branche, puis projettent ensuite leur corps vers l'avant pour agripper la branche suivante, avec l'autre main.

Regarde ! Je vole !

Les gibbons ont des bras puissants et très longs. Grâce aux os de leurs poignets, leur corps peut pivoter quand ils se balancent à toute vitesse de branche en branche. Parfois les gibbons se déplacent si rapidement qu'ils passent une branche sans s'y agripper. Ils volent dans les airs jusqu'à la suivante !

Les bras des gibbons sont beaucoup plus longs que leurs jambes. Quand un gibbon marche, il lève ses bras dans les airs pour qu'ils ne traînent pas par terre !

Quel vacarme !

Chaque matin à l'aube, en duo avec leur partenaire, les gibbons émettent des chants modulés très puissants visant à défendre leur territoire contre les gibbons des autres troupes. La femelle pousse des cris auxquels répond une femelle du voisinage. Ensuite, les deux familles se rapprochent jusqu'à ce qu'elles puissent se voir. Les mâles commencent alors à pousser des cris et des hurlements pour effaroucher l'autre famille. Les gibbons ne se battent habituellement pas. Après quelque temps, chaque famille retourne simplement dans son territoire.

(à droite) Le plus grand gibbon est le siamang. Grâce au sac vocal de sa gorge, il peut émettre des hurlements fracassants. Ces cris servent à aviser les autres gibbons de rester hors de son territoire.

(ci-dessous) Chez les gibbons, le mâle et la femelle forment un couple uni pour la vie. Contrairement aux autres singes mâles, le gibbon mâle participe aux soins des petits. Il leur enseigne à marcher, à se balancer dans les arbres et à bien se comporter dans le groupe.

Les singes de l'Ancien Monde

On dit des singes de l'Asie et de l'Afrique qu'ils sont de l'Ancien Monde. L'expression « Ancien Monde » réfère à l'Afrique, à l'Asie et à l'Europe.

Les singes de l'Ancien Monde forment le plus grand groupe de primates. Ils vivent dans presque tous les types d'habitats. Leur corps s'est adapté, c'est-à-dire qu'il s'est transformé pour s'ajuster aux différents environnements et climats. Dans les forêts, les singes de l'Ancien Monde vivent presque exclusivement dans les arbres. D'autres espèces, comme le babouin, vivent dans les savanes africaines. Les savanes sont de vastes prairies pauvres en arbres.

Ces colobes vivent dans la cime des arbres. Ils descendent rarement au sol.

Divers régimes alimentaires

Les singes de l'Ancien Monde sont soit folivores soit omnivores. Les singes omnivores se nourrissent de végétaux et d'animaux. Ils ont un grand estomac. Les singes folivores ne mangent que des feuilles. Elles sont difficiles à digérer, mais l'estomac des folivores est formé de quatre sections qui facilitent leur absorption. En passant par chaque partie de l'estomac, la nourriture est décomposée lentement.

Le nasique mâle est reconnaissable à son grand nez charnu qui tombe sur son menton. Quand il s'excite ou se met en colère, son nez se gonfle et devient tout rouge !

Pour dormir ou se reposer, les singes de l'Ancien Monde s'assoient au lieu de s'étendre. Plusieurs d'entre eux ont des coussinets sur l'arrière-train, appelés callosités ischiatiques. Partout où ils vont, ces singes transportent leur confortable siège !

Les singes du Nouveau Monde

Les singes du Nouveau Monde vivent en Amérique centrale et en Amérique du Sud. La différence la plus visible entre les singes du Nouveau Monde et ceux de l'Ancien Monde se trouve en plein milieu de leur figure ! Les singes du Nouveau Monde ont un nez aplati et de larges narines orientées vers l'extérieur. Pour leur part, les singes de l'Ancien Monde ont des narines rapprochées et orientées vers le bas. Les singes du Nouveau Monde n'ont pas de coussinets sur l'arrière-train. Ils sont également dépourvus de pouces opposables servant à la préhension. Ces singes utilisent leurs gros orteils pour s'agripper aux branches des arbres.

Les singes du Nouveau Monde vivent exclusivement dans les arbres. Les singes hurleurs, les atèles, aussi appelés singes-araignées, les capucins, les singes laineux, les sakis, les ouakaris et les titis font partie de ce groupe.

Le singe de gauche est un capucin et celui de droite est un douc. Sais-tu lequel est de l'Ancien Monde et lequel est du Nouveau Monde ? Voici un indice qui saute aux yeux : le nez !

Maman ! J'ai cinq mains !

Les singes du Nouveau Monde ont une queue préhensile. Ils l'utilisent comme un membre supplémentaire pour s'agripper aux branches. Le bout de leur queue est une zone sensible, qui a l'aspect de la paume d'une main. Cette zone dépourvue de poils donne au singe une meilleure prise sur les branches. Les singes du Nouveau Monde peuvent se suspendre à l'aide de leurs pieds et de leur queue, tout en cueillant des fruits avec leurs mains.

(ci-dessus, à droite) Parmi les singes du Nouveau Monde, l'un des plus communs est le capucin. On peut le voir se balancer et bondir de branche en branche dans la plupart des forêts de l'Amérique du Sud.

(à droite) Au lever du jour, les singes hurleurs émettent de bruyants hurlements. Ces cris avisent les autres singes de rester à l'écart de leur territoire.

Les prosimiens

À l'exception du lémur, tous les prosimiens sont nocturnes. Cela signifie qu'ils dorment durant le jour et qu'ils sont actifs la nuit. La vie nocturne permet à ces petits mammifères de survivre parmi les primates plus gros, tels que les singes. Si les prosimiens et les singes entraient en compétition pour obtenir de la nourriture, les singes gagneraient, car ils sont plus gros et plus rusés. En chassant la nuit, pendant que les singes dorment, les prosimiens évitent la concurrence.

Les loris se déplacent très lentement sur leurs quatre membres. Ils se nourrissent d'insectes qui n'avancent pas plus vite qu'eux, les chenilles par exemple !

Quelle est cette odeur ?

Plusieurs prosimiens marquent leur territoire en imprégnant les arbres et les feuilles d'une odeur puissante. Sur leurs poignets, les lémurs mâles ont des **glandes** qui laissent échapper des sécrétions odoriférantes. Ces odeurs servent à avertir les autres mâles de rester à l'écart. Pour leur part, les galagos s'humectent les mains et les pieds d'urine pour laisser des odeurs partout où ils vont. Ces odeurs indiquent aux autres prosimiens que le territoire est déjà occupé.

Les bonds du lémur

Grâce à leurs jambes puissantes, les lémurs peuvent bondir dans les arbres. Les lémurs vivent sur l'île de Madagascar. Là-bas, ils ne sont menacés par aucune autre espèce de primates plus grands qu'eux. Ils n'ont pas à entrer en compétition pour obtenir de la nourriture. Les lémurs sont les seuls prosimiens diurnes. Un animal diurne est actif surtout durant le jour.

Comme les autres lémurs, ce lémur macaco émet des cris pour communiquer avec les membres de sa troupe.

Les minuscules tarsiers

Les tarsiers sont mignons et semblent inoffensifs. Mais il ne faut pas s'y méprendre, ce sont des **prédateurs** ! Ils mangent d'autres animaux, comme des insectes, des lézards, des oiseaux, des rongeurs et des serpents. Les tarsiers ont des yeux énormes adaptés à la vision dans le noir.

Le petit galago

Les galagos mangent des insectes. Durant l'hiver, quand les insectes se font rares, ils grattent l'écorce des arbres et lèchent la sève qui en coule. Les galagos sont les plus agiles de tous les prosimiens. Ils échappent aux prédateurs en courant et en sautant de branche en branche à toute vitesse.

La tête des tarsiers peut accomplir une rotation de 180 degrés, ce qui leur permet de regarder derrière eux.

Les galagos peuvent orienter simultanément leurs oreilles dans des directions opposées. Grâce à leur ouïe développée, ils peuvent repérer des insectes dans le noir.

Les ouistitis et les tamarins

Les doigts des ouistitis et des tamarins sont semblables. Tous leurs doigts sont munis d'ongles pointus, à l'exception de leurs gros orteils. Ces ongles ressemblent à des griffes. Ils aident les ouistitis et les tamarins à s'agripper aux branches.

Le tamarin empereur, ci-dessus, a de grandes moustaches recourbées, uniques en leur genre. Le tamarin lion doré, ci-dessous, était autrefois vendu comme animal de compagnie en raison de son magnifique pelage.

Un pelage coloré

Les ouistitis et les tamarins sont reconnus pour leur fourrure hérissée aux couleurs éclatantes. Certains ont des touffes de poils blancs sur le dessus de la tête et aux oreilles. D'autres ont la bouche garnie de poils qui ressemblent à une moustache ! Les tamarins lions dorés ont une fourrure cuivrée qui les fait ressembler à des lions miniatures.

Le partage des responsabilités

Dans la plupart des familles de primates, c'est la mère qui s'occupe de la progéniture. Elle transporte les petits toute là journée. Au contraire, dans les familles de ouistitis et de tamarins, c'est le père qui assure cette fonction. Les petits grimpent sur son dos et s'agrippent à sa fourrure avec leurs pieds et leurs mains. Ils vont vers la mère seulement pour boire son lait.

De minuscules primates

Les ouistitis pygmées sont si petits qu'ils peuvent tenir dans la paume de ta main. Pour communiquer avec les membres de leur troupe, ils émettent différents cris. La fréquence de certains de ces cris est si élevée que les humains sont incapables de les entendre. Les ouistitis pygmées forment des groupes familiaux de quatre à quinze membres. Dans le groupe, une seule femelle a des petits. Les autres l'aident à les élever.

Ce qui nous différencie du singe

L'humain a de nombreuses caractéristiques communes avec les singes, les grands singes et les lémuriens. Cependant, plusieurs différences les séparent aussi. Par exemple, notre cerveau est plus développé que celui des autres primates. Seuls les humains ont la capacité d'apprendre à parler plusieurs langues, à jouer des instruments de musique et à lire des livres. De plus, nous ne vivons pas dans les arbres et notre corps n'est pas couvert de fourrure. Y a-t-il d'autres différences entre toi et les autres primates ?

La station verticale

Les humains sont bipèdes. Autrement dit, nous marchons en position verticale sur deux jambes. La plupart des autres primates utilisent leurs quatre membres pour marcher. Nos jambes sont plus longues que nos bras. Quand nous marchons, nos jambes nous permettent de faire de grandes enjambées. Nos pieds ont une cambrure. Cette courbure facilite la marche.

Quelques personnes ont étudié les primates dans leur habitat et ont ainsi appris beaucoup de choses à leur sujet. Cette femme et ce chimpanzé se connaissent bien.

Les primates en danger

Dans la nature, la plus grande menace qui pèse sur les primates est la destruction de leur habitat. La plupart des primates vivent dans les forêts. Ils ont besoin d'arbres et de plantes pour s'abriter et se nourrir. Quand les gens rasent les forêts pour y construire des maisons ou pour y pratiquer l'agriculture, plusieurs primates perdent leur refuge. Pour trouver de la nourriture, ils se tournent alors vers les champs cultivés par les fermiers. Les fermiers abattent ces primates, car ils les considèrent comme des animaux nuisibles.

Les ennemis humains

Les braconniers chassent les primates illégalement. Ils abattent les grands singes femelles et vendent leurs petits comme animaux de compagnie. Dans quelques pays, des gens consomment la chair des primates. Ils achètent leur peau et leur fourrure. Certaines personnes sont prêtes à offrir beaucoup d'argent pour se procurer ces articles. Les braconniers continuent donc d'abattre des primates.

La protection des primates

Certains pays ont interdit la chasse des primates et ont créé des parcs nationaux où les animaux peuvent vivre en toute sécurité.

Les jeunes orangs-outangs qui ont été arrachés à leur mère meurent souvent de solitude peu après.

Des braconniers chassent les gorilles des montagnes pour vendre leurs mains et leur crâne aux touristes.

Glossaire

amplifier   Agrandir ou augmenter l'intensité

brachiation   Mode de déplacement qui consiste à se balancer d'arbre en arbre

callosités ischiatiques   Épais coussins de peau situés sur l'arrière-train de certains primates

cris territoriaux   Cris retentissants des primates pour revendiquer la possession d'un territoire

dos argenté   Gorille mâle adulte dont le pelage du dos est gris argenté

énergie   Force nécessaire pour accomplir des tâches

évoluer   Se transformer ou se développer lentement au fil du temps

expression faciale   Apparence que le singe donne à son visage pour exprimer ses pensées et ses humeurs

geste   Mouvement du corps ou de la main servant à communiquer un message

glande   Partie du corps dont la fonction est de produire et de laisser échapper une sécrétion liquide

langage corporel   Façon de montrer son humeur par la posture, les gestes et les expressions faciales

pouce opposable   Pouce de la main des primates opposé aux autres doigts, permettant de saisir et de tenir des objets

prédateur   Animal qui chasse d'autres animaux pour s'en nourrir

préhensile   Décrit une partie du corps qui peut saisir des objets

proie   Animal qu'un prédateur pourchasse afin de le dévorer

système reproducteur   Parties du corps servant à engendrer des bébés

tridimensionnel   Décrit un objet qui a trois dimensions : la hauteur, la largeur et la profondeur

Index